Alice und Rolf Schurr

Hochstämmchen

Sie wurden in den letzten Jahren in zunehmendem Maße angeboten und vom Pflanzenfreund entdeckt. Bisher waren sie hauptsächlich als buschig wachsende Beet- und Balkonpflanzen bekannt. Neuartige Formen wecken das Interesse vieler, und daraus entwickelt sich allmählich eine breite Nachfrage.
Der Hobbygärtner, der ein Hochstämmchen selbst ziehen will, hat viele Fragen an den Fachmann, die dieser beim Verkaufsgespräch gar nicht erschöpfend beantworten kann. Die Autoren haben es daher unternommen, das ganze Fragenpaket mit einem erfahrenen Fachmann aufzuschnüren und so darzulegen, daß jeder Pflanzenliebhaber die Pflanzen fachgerecht pflegen, zu viel bewunderten Hochstämmchen aufziehen und vor allem auch richtig einwintern kann.
Die Autoren wünschen dem Pflanzenfreund so viel Freude, wie sie selbst bei der Anzucht der Hochstämmchen hatten.

ISBN 3-7724-1011-X · Best.-Nr. 1011 · © Copyright 1985 by Frech

1. 2. 3. 4. 5. Auflage: Erste Zahl maßgebend: **frech-verlag** Jahr: 1990 89 88 87 86 Letzte Zahl maßgebend

Printed in Western Germany · Druck: Frech, Stuttgart-Weilimdorf
Fachliche Mitarbeit: Fritz Haag, Gartenbautechniker, Stuttgart
Fotos auf den Seiten 22, 23, 25, 26, 36, 37: Edgar Gugenhan

Eine Strauchmargerite wird zum Hochstämmchen

Einleitung

Die hier beschriebenen Pflanzen lassen sich alle, von einigen Besonderheiten abgesehen, im großen und ganzen nach dem gleichen Prinzip zu Hochstämmchen kultivieren.
Am Beispiel der Margerite wird der Zeit- und Arbeitsplan vom Steckling bis zum Bäumchen mit allen Einzelheiten veranschaulicht. Die Margerite ist eines der beliebtesten und häufigsten Hochstämmchen und läßt sich vom Hobbygärtner verhältnismäßig leicht aufziehen.
Aus der anschließenden tabellarischen Übersicht kann bequem abgelesen werden, was zu welchem Zeitpunkt getan werden muß (siehe Seite 16 ff).
Nach den ersten Anzuchterfolgen mit der Margerite ist zu erwarten, daß wir unser neu erworbenes Wissen und Können auch an anderen Gewächsen ausprobieren wollen. Hierbei soll uns die Beschreibung weiterer Pflanzen helfen, die sich ebenfalls zur Hochstämmchenkultur eignen, z.B. Fuchsien, Geranien usw., aber auch Exoten wie Feige, Stechapfel und Hibiscus.
Was bei einzelnen Arten beachtet werden muß, ist ausführlich angegeben.

Margerite

Chrysánthemum frutéscens

»Im Mai/Juni«

Ausgangsmaterial

Als Ausgangsmaterial eignet sich eine handelsübliche Strauchmargerite, die wir zur Pflanzzeit (Mai-Juni) kaufen. Die bekanntesten Sorten sind:

a) „Maja Bofinger"
mit graugrünen, feingefiederten Blättern,
mittelgroßen Blüten,
reich blühend vom Mai bis zum Frost.

b) „Silverleaf"
mit dunkelgrünen, gröberen Blättern,
großen Blüten,
im Sommer etwa 3 Wochen geringere Blüte.

Wir pflanzen die gekaufte Margerite im Freien (Beet, Balkonkasten, Kübel) ein.

Standort

Im Schatten, damit die Blütenbildung etwas unterbunden wird. Dies ist sehr wichtig, weil wir Stecklinge benötigen, die keine Knospen angesetzt haben.

Pflege

Die heranwachsende Mutterpflanze gleichmäßig feucht halten. Düngung wie bei Balkonpflanzen üblich. Keinesfalls Düngung vernachlässigen, da sonst unsere Stecklinge zum Zeitpunkt der Abnahme nicht kräftig genug sind.

»Im September«

Abnahme der Stecklinge

Dies ist der erste Schritt der eigentlichen Hochstämmchenkultur. Die Stecklinge müssen vor dem ersten Frost abgenommen werden. Wir wählen solche Stecklinge aus, die mit bloßem Auge betrachtet keine Knospe erkennen lassen. Länge etwa 5-6 cm.
Wir schneiden die Stecklinge mit einem scharfen Messer (Küchenmesser) mit ziehendem Schnitt ab. Keine Schere verwenden! Sie würde an der Schnittstelle eine Quetschung hervorrufen.

Weiße
Margerite ▶

Gelbe
Margerite ▶

Außer der bekannten weißen Margerite gibt es auch die abgebildete Variante mit gelben Blütenblättern (Gelbe Chrysánthemum frutéscens). Weitere Unterschiede: Saftig dunkelgrüne Blätter, die größer, dicker und weniger gefiedert sind. Durch die größeren Blätter größere Fäulnisneigung und größerer Wasserbedarf. Blüten ebenfalls größer.

Die Mutterpflanzen behalten wir nach dem Abnehmen der Stecklinge zunächst in Reserve. Dadurch können auch noch später Stecklinge abgenommen werden, falls aus den Stecklingen vom September keine angewachsenen, knospenfreien, gesunden Pflanzen hervorgehen sollten. Zu diesem Zweck nehmen wir die Mutterpflanze an einen hellen Platz in einem warmen Zimmer. Wir düngen sie weiter wie bisher. Zeigt es sich dann, daß wir genügend Stecklinge gewonnen haben, wintern wir die Mutterpflanze ganz normal ein.

Anzucht der Stecklinge

Wir nehmen 10 bis 15 Stecklinge von der Mutterpflanze ab (siehe Abb. unten). Ferner brauchen wir anfangs 10 bis 15 Töpfchen (6-8 cm ∅) oder 2 bis 3 Töpfe (12-15 cm ∅), mit Abzugsloch am Boden, möglichst aus Plastik (wegen geringerer Wasserverdunstung), handelsübliche, lockere Topfpflanzenerde, klare Plastikbeutel oder -folien, Gummiringe.
Es sind 10 bis 15 Stecklinge erforderlich um sicherzugehen, daß wir später wenigstens eine bis drei Pflanzen mit einwandfreiem Wuchs erzielen. Wir müssen nämlich damit rechnen, daß mehrere Stecklinge durch Faulen, fehlende Wurzelbildung, Knospen usw. ausfallen.
Wir entscheiden uns nach Belieben, wieviele Stecklinge wir einzeln in kleinen Töpfchen pflanzen oder wieviele größere Töpfe wir mit jeweils höchstens fünf bis sechs Stecklingen bepflanzen.

Stecken

Töpfchen oder Topf bis zum Rand mit Erde füllen. Erde leicht eindrücken und gut anfeuchten. Stecklinge etwa 2 cm tief einstecken.
Innen am Topfrand entlang einige Holz- oder Plastikstäbchen in die Erde drücken, die den Steckling etwas überragen. Plastikbeutel oder entsprechend zugeschnittene Folie über den Topf stülpen und ihn ganz darin einhüllen. Umhüllung mit einem Gummiring befestigen. Die Folie darf nirgends an der Pflanze anliegen. Zu diesem Zweck haben wir die zuvor beschriebenen Stäbchen angebracht.
Das Abdecken mit Folie ergibt ein „Mini-Gewächshaus" mit feucht-warmem Klima (Treibhauseffekt).

Standort

Im Haus. Hell und warm. Vor direkter Sonneneinstrahlung und Zugluft geschützt. Sicherstellen, daß die Pflanzen einen „warmen Fuß" haben, also z.B. auf Fenstersims über einem Heizkörper.

Wurzelbildung

So verbleiben die Pflanzen, ohne weiteres Nachgießen, etwa 3 Wochen, in denen sie Wurzeln bilden sollen. Bemerken wir jedoch, daß eines der Pflänzchen im großen Topf angefault ist, dann entfernen wir es sofort vorsichtig (Ansteckungsgefahr für die übrigen Stecklinge).

»Im Oktober«

Umgewöhnung

Ungefähr 3 Wochen später können wir davon ausgehen, daß sich an unserer Pflanze eine Wurzel gebildet hat, wenn sie einen gesunden Eindruck macht (straffe Blätter). Ist dies der Fall, nehmen wir die Folie ab. Zweifeln wir jedoch daran, ob eine Wurzel vorhanden ist (welke Blätter), so lassen wir die Pflanze eine weitere Woche unter der Plastikfolie.

Die bewurzelte Pflanze muß langsam vom bisherigen Kleinklima (ca. 95 % Luftfeuchtigkeit) ans normale Zimmerklima (ca. 55 % Luftfeuchtigkeit) gewöhnt werden. Dies ist ein sehr gewaltsamer Eingriff und daher ein entscheidender Schritt für die Pflanze und unsere Pflege. Wir müssen sehr behutsam vorgehen. Die Umgewöhnung dauert etwa 2-3 Wochen. Anfangs geben wir der Pflanze die benötigte Feuchtigkeit (handwarmes Leitungswasser) durch zweimaliges Besprühen der Blätter pro Tag (mit Einhandzerstäuber). Gleichzeitig gießen wir die Erde nur sehr sparsam. Nach einer Woche verringern wir das Besprühen auf einmal pro Tag und verstärken dabei das Gießen. Nach einer weiteren Woche stellen wir das Sprühen ganz ein und erhöhen wiederum die Gießmenge.

Durch immer stärkeres Gießen gewöhnen wir die Pflanze daran, die Feuchtigkeit vorwiegend über die Wurzel aufzunehmen. Für gleichmäßige Feuchtigkeit sorgen. Erde zur Kontrolle befühlen. Stehende Nässe vermeiden. Pflanze langsam an die volle Sonne gewöhnen.

Eventuelles Welken der Pflänzchen zu Beginn der Umgewöhnung ist ohne Bedeutung. Wir setzen die Anzucht unbeirrt fort. Unsere Pflanzen erholen sich dann im Laufe der Zeit.

Arbeiten zur Stammbildung

»Im November«

Umtopfen

Wir verpflanzen die Stecklinge jetzt einzeln in größere Töpfe mit ca. 11 cm ∅ und Abzugsloch. Hierzu Topfrand aufstoßen, Topf sanft stürzen. Pflanzen vorsichtig herausnehmen. Acht geben, daß die Wurzeln nicht beschädigt werden. Pflänzchen gleich tief einpflanzen wie zuvor. Von jetzt an brauchen die Pflanzen so viel Licht und Sonne wie möglich, um eine stabile Stammbildung zu erreichen.

Düngung

Wir geben zweimal in der Woche beim regelmäßigen Gießen Gründünger ins Gießwasser, jedoch nur die Hälfte der auf der Verpackung angegebenen Menge. Erde weiterhin gleichmäßig feucht halten. Dies ist besonders vor dem Düngen zu beachten. Düngen auf ausgetrocknete Erde würde der Pflanze schaden (Verbrennungsgefahr!).

Prüfung auf Knospenbildung

Jedes Pflänzchen genau untersuchen, ob sich Knospen bilden. Pflanzen, bei denen dies der Fall ist, scheiden wir von unserer weiteren Aufzucht zu Hochstämmchen aus. Wir lassen sie beliebig weiterwachsen. Sie werden zu Büschen und können eventuell im folgenden Herbst als Mutterpflanze für neue Stecklinge dienen. Wir können es nicht verhindern, daß einige unserer Pflanzen zu diesem Zeitpunkt die jetzt noch unerwünschten Knospen bilden. Für die weitere Aufzucht verwenden wir nur knospenfreie Pflanzen.

»Im Dezember«

Stützen

Um einen geraden Wuchs zu erreichen, stekken wir einen Stab unter leichtem Drehen neben der Pflanze in die Erde und binden das Stämmchen am Stab fest.

Der Stab soll aus Bambus oder ähnlichem Naturmaterial, keinesfalls aus Metall sein und nach dem Einstecken die Pflanze um etwa 20 cm überragen. Wir binden die Pflanze mit Bast in Form einer „8" am Stab fest. Dadurch behält das Stämmchen die erforderliche Freiheit. Siehe Abbildung.

»Im Januar«

Entfernen der Triebe am Stamm

Inzwischen haben sich am Stamm Seitentriebe gebildet. Sie wachsen aus den sogenannten Blattachseln, also an den Stellen, wo auch das Blatt aus dem Stamm treibt. Wir schneiden diese Triebe vorsichtig mit einer Nagelschere oder einem Küchenmesser ab, achten aber besonders darauf, daß wir weder Blatt noch Stamm verletzen. Die Blätter lassen wir unbehelligt, damit der Stamm an diesen Stellen aktiv bleibt und auch weiterhin in die Breite wächst. Auf diese Weise fortlaufend neue Triebe entfernen (siehe Abbildung unten rechts).

»Im Februar«

Mit längerem Stab stützen

Bei starkem Wuchs sollte der Stab durch einen längeren ersetzt werden. Zuvor Bast losschneiden. Neuen Stab unter Drehen einstekken. Wieder mit einer „8" festbinden.

»Ende Februar«

Umtopfen

Hat die Pflanze eine Höhe von mindestens 40 bis 50 cm erreicht, verpflanzen wir sie in einen größeren Topf von 18-20 cm ∅ mit Abzugsloch. Im neuen Topf wieder am Stab befestigen wie beschrieben.
Gießen und Düngen wie zuvor.

»Im März«

Kronenkultur

Hat der Stamm die gewünschte Höhe erreicht (ca. 60-80 cm), so beginnen wir mit der Kronenkultur. Wollen wir den Stamm aber noch höher werden lassen, so fangen wir entsprechend später mit der Kronenkultur an.
Neue Triebe am Stamm entfernen wir weiterhin, wie oben beschrieben. Jedoch im Bereich der Krone, d.h. den oberen 6-8 cm, lassen wir von nun an die Seitentriebe stehen.
Wir wenden uns jetzt der Triebspitze zu, dem oberen Ende des Stammes. Wir wollen bewirken, daß das Wachstum an der Triebspitze aussetzt, dafür aber im Bereich der oberen 6-8 cm seitlich aktiviert wird. Deshalb schneiden wir die Triebspitze samt oberstem Blattpaar ab, und zwar etwa 1 cm unterhalb dessen Blattachseln (siehe Abb. oben). Der Stamm endet jetzt als Stumpf, und verödet. Etwa 5-7 Seitentriebe werden so zum Austreiben gezwungen.

»Im April«

Stutzen

Sind die Seitentriebe etwa 7 cm lang, dann beginnen wir mit dem Stutzen. Nur mit diesem Stutzen bringen wir die Pflanze dazu, sich zu verzweigen und eine buschige Krone zu bilden. Wir kürzen den etwa 7 cm langen Seitentrieb (1. Generation) mit einer Nagelschere oder einem Küchenmesser auf etwa 5 cm. Der Seitentrieb verödet an der Schnittstelle. Stattdessen treiben nun an den Blattachseln der äußersten ein bis zwei Blattpaare neue Triebe (2. Generation) aus, weil die dort ruhenden Knospen durch das Stutzen aktiviert werden.

Kronenerziehung

Die auf diese Weise entstehenden neuen Triebe, und zwar die 2. bis 5. Generation, schneiden wir jeweils dann, wenn sie eine Länge von etwa 10 cm erreicht haben, auf 5-7 cm zurück. Damit haben wir nun die Grundlage für die Krone.

Die weiteren Triebgenerationen stutzen wir so, wie es die Kronenform erfordert, d.h. wir schneiden am jeweils jüngsten Trieb mal weniger weg, wo eine Lücke zu füllen ist, mal mehr, wo sich die Kugel schon genügend geschlossen hat.

Hier noch einige Hinweise

1. Bei „Anzucht der Stecklinge“ (s. S. 4) ist darauf hingewiesen, daß wir 10-15 Stecklinge anziehen sollten, um mit einiger Wahrscheinlichkeit ein bis zwei Hochstämmchen mit geradem Wuchs zu erhalten.

Nun könnte es vorkommen, daß alle Exemplare unserer Anzucht so blühfreudig sind, daß sie schon in geringer Höhe an der Triebspitze Blüten bilden. Wir wissen, daß damit ein weiteres Höhenwachstum ausgeschlossen ist.

Wer nun nicht die Geduld aufbringt, es immer wieder mit neuen Stecklingen zu versuchen, andererseits aber ein nicht ganz gerade gewachsenes Bäumchen in Kauf nimmt, auch seine neu erworbenen Kenntnisse weiter erproben möchte, dem kann man es nicht verdenken, wenn er sich ausnahmsweise folgendermaßen hilft: Einen an der Spitze blütenlos gebliebenen Seitentrieb zum Haupttrieb machen. Dazu den bisherigen Haupttrieb kurz oberhalb des Seitentriebs abschneiden.

Abgesehen von einem solchen gelegentlichen Versuchsexemplar sollten wir aber unseren ganzen Stolz dareinsetzen, durch immer wieder neues geduldiges Probieren schließlich doch ein einwandfreies Hochstämmchen zu erzielen.

2. Bei den exotischen Pflanzen ist häufig davon die Rede, daß die Vermehrung durch Stecklinge bei erhöhter Bodenwärme erfolgen muß.

Hierzu läßt sich leicht aus einer rechteckigen Kunststoffschale (z. B. 25 × 50 cm, 10 cm tief) mit durchsichtigem Deckel (z. B. 10 cm hoch) ein kleines Vermehrungsbeet schaffen. Die Bodenwärme erzielen wir durch ein wasserdichtes Heizgerät (Heizmatte oder Heizkabel

für Terrarium), das wir in die Schale einlegen, bevor wir die Erde einschütten. Zwischen Heizgerät und Netzanschluß können wir noch einen Leistungstemperaturschalter anbringen, mit dem wir die erforderliche Temperatur einregeln. Vermehrungsbeete, Heiz- und Regelgeräte sind im Fachhandel zu bekommen.

An einem in die Erde gesteckten Thermometer lesen wir die erreichte Temperatur ab. Wir sprühen mehrmals täglich mit dem Einhandzerstäuber in das beheizte „Minigewächshaus“, um für ausreichende Feuchtigkeit zu sorgen.

»Im Juni«

Ins Freie

Wir bringen das Hochstämmchen ins Freie, zunächst an einen schattigen Platz. Nach einer Woche stellen wir es in den Halbschatten und nach einer weiteren Woche in die Sonne. So gewöhnen wir die Pflanze langsam an ihre neuen Umweltbedingungen. Steht uns ein Rasen, ein Beet oder ein größerer Kübel zur Verfügung, dann pflanzen wir das Stämmchen dort ein. Wenn nicht, lassen wir es in seinem Topf.

Das intensivere Licht bewirkt noch kompakteres Wachstum. Die Blattabstände werden kürzer, die Stiele fester, die Blätter dunkler und robuster.

Wir setzen das Stutzen und Formen auch im Freien fort. Die Zeitabstände von einem Stutzvorgang zum nächsten verlängern sich allerdings, so daß von jetzt an bis zum Einwintern höchstens noch zwei- bis dreimal zurückgeschnitten werden muß.

»Im Juli«

Düngung

Stämmchen im Rasen, Beet oder Kübel

Einmalige Düngergabe. Fester Grünpflanzendünger in Granulatform oder organischer Dünger. Wir verteilen etwa eine halbe Handvoll im Kreis um den Wurzelballen herum. Mindestabstand 5 cm vom Stamm unbedingt einhalten (Verbrennungsgefahr!). Anschließend kräftig angießen.

Stämmchen im Topf

Pro Woche 3- bis 4mal beim Gießen düngen, flüssiger Grünpflanzendünger.

Wir verwenden Grünpflanzendünger und keinen Blütendünger, weil wir zu diesem Zeitpunkt das Wachstum der grünen Teile fördern und das Blühen vorläufig noch verhindern wollen. Damit soll erreicht werden, daß sich die Krone kräftig entwickelt.

Wenn Läuse eine Pflanze befallen, was tun?

Stellen wir an unseren Pflanzen Läuse fest, so streifen wir sie ab und duschen die Blätter mit der Brause sauber. Bei häufigerem Auftreten können wir zu handelsüblichen Pflanzenschutzmitteln greifen. Während der Bewurzelungsphase unter der Plastikfolie sollten wir aber die Pflanze unbedingt unangetastet lassen und notfalls eine Laus, die sich dorthin verirrt hat, vorübergehend dulden.

Von den Blättern am Stamm, die wir bisher stehen ließen, um ein Dickenwachstum zu erzielen, sind inzwischen einige von allein abgefallen. Die restlichen entfernen wir jetzt. Der Stammumfang nimmt mit dem Alter trotzdem noch etwas zu.

Gefällt uns die nun entstandene Kronenform, so hören wir mit Stutzen auf, und die Pflanze kommt zum Blühen. In der Regel aber werden wir die Krone noch weiter formen wollen und setzen daher unsere Korrekturen fort.

»Im August«

Jetzt, in der heißesten Zeit des Jahres, ist unbedingt darauf zu achten, daß die Pflanze nicht austrocknet.

Düngung

Stämmchen im Rasen, Beet oder Kübel
Pro Woche 2- bis 3mal flüssigen Grünpflanzendünger ins Gießwasser geben. Nicht auf trockener Erde düngen!

Stämmchen im Topf
Pro Woche 3- bis 4mal flüssigen Grünpflanzendünger ins Gießwasser. Nicht auf trokkene Erde düngen!

»Ende September«

Rückschnitt und Einwintern

Einige Tage vor dem Eintopfen bzw. Einwintern schneiden wir unsere Pflanze zurück. Triebe kürzer als 3 cm lassen wir, wie sie sind. Die übrigen Triebe kürzen wir auf 3 bis 4 cm, ohne dabei pedantisch zu sein. Die kugelige Form der Krone geht in jedem Fall vor.

Die Pflanzen im Topf erfordern keine weitere Vorbereitung.

Anders jedoch die Hochstämmchen, die sich im Rasen, Beet oder Kübel befinden. Bevor wir sie aus dem Pflanzloch herausnehmen, müssen wir die Erde rings um den Stamm (Abstand 10 cm) mit dem Spaten abstechen (spatentief), (Abb. s. S. 12 unten). Damit stechen wir auch die Wurzeln ab, die sich außerhalb dieses Kreises von 20 cm Durchmesser befinden. *Beim Herausnehmen unbedingt darauf achten, daß der Wurzelballen nicht auseinanderfällt.* Aus diesem Grund ist es ratsam, den Wurzelballen zu zweit hochzuheben. Erde nicht abschütteln. Einen geeigneten Topf mit 20 cm Durchmesser und Abzugsloch haben wir zuvor mit einer Bodendecke Topfpflanzenerde versehen. Wir stellen den Wurzelballen in den Topf und füllen eventuelle Hohlräume mit Topfpflanzenerde aus. Erde gleichmäßig andrücken.

Margeriten vertragen keinen Frost. Wir müssen sie daher unbedingt vorher ins Haus bringen.

Standort

Wohnzimmer oder Keller. Es muß sichergestellt sein, daß wir täglich nach unserer Pflanze sehen können und sie nicht vergessen. Es ist unwesentlich, bei welcher Temperatur wir die Pflanze überwintern. Wichtig ist dagegen, daß es sich um eine gleichmäßige Temperatur handelt. Steht die Pflanze im Keller, so muß dieser frostfrei sein. Eines gilt für jeden Überwinterungsplatz: so hell wie möglich, damit keine zu dünnen und weichen Triebe austreiben.

Überwintern

Hochstämmchen zunächst kräftig angießen. Bei einer Unterbringung in der Wohnung müssen wir die Pflanze zur Gewöhnung an die trockenere Luft zwei Wochen lang täglich zusätzlich einmal übersprühen.

Jetzt grundsätzlich aufs richtige Gießen achten. Die Pflanze braucht im Winter weniger Feuchtigkeit als im Sommer. Wir sorgen deshalb dafür, daß die Erde nur halbfeucht ist. Pflanzen im Wohnzimmer gießen wir etwa 1- bis 2mal pro Woche. Pflanzen, die bei niedriger Temperatur im Keller untergebracht sind, gießen wir in zwei Wochen nur einmal. Für das Gießen gilt: Lieber öfter und weniger, als einmal und zuviel. *Keinesfalls düngen.*

Die Wintertriebe müssen scharf gestutzt werden. Wir schneiden sie bei einer Länge von ca. 4 bis 5 cm auf 2 cm zurück. Sind die Pflanzen im Wohnzimmer, dann stutzen wir sie bis zum März, im Keller bis Ende April.

»Im Februar«

Düngung mit Grünpflanzendünger

Wir nehmen nur die Hälfte der auf der Packung angegebenen Menge. Pflanzen jetzt so aufstellen, daß sie viel Licht und, wo möglich, die volle Sonne bekommen.

»Mitte bis Ende März«

Pflanzen im Wohnzimmer

Mit Blütendünger düngen. Mischungsverhältnis nach den Angaben auf der Verpackung. Nicht mehr stutzen. Nur wenn in einem sehr warmen Wohnzimmer (25 bis 28° C) die Triebe zu weich sind und herabhängen, dann noch einmal stutzen. Dadurch kommt die Pflanze etwas später zum Blühen. Den Topf jeden Tag um ca ⅕ des Umfangs drehen, damit die Pflanze gleichmäßig rund wächst.

»Bis Ende April«

Pflanzen im Keller

Mit Blütendünger düngen. Mischungsverhältnis nach den Angaben auf der Verpackung. Die Triebe sind aus Lichtmangel noch zu weich. Daher weiterhin stutzen, bis Ende April.

»Mitte bis Ende Mai«

Nach den Eisheiligen, also nach dem 15. Mai, kommen unsere Pflanzen ins Freie, siehe Angaben über den Sommer zuvor.
Nicht mehr stutzen, siehe oben. Immer erst ohne Dünger vorgießen, damit die Erde feucht ist. Dann mit Blütendünger im Gießwasser gießen. Ältere Pflanzen gießen wir weniger als jüngere. Der Grund hierfür: Bei älteren Pflanzen ist die Wurzel größer. Deshalb läuft das Wasser bei reichlichem Gießen schlecht ab, staut sich an der Wurzel und verursacht Fäulnis. Die Wurzel kommt also ihrer Funktion immer weniger nach und läßt die Pflanze vertrocknen.
Verblühte Blüten abschneiden.

»Herbst«

Zurückschneiden und Einwintern, siehe Angaben über den Herbst zuvor. Wurzelballen jetzt in einem größeren Kreis (= Größe des neuen Topfes) abstechen. Maßgebend ist die Größe der Krone. Als Faustregel gilt: Der Durchmesser des Topfes ist halb so groß wie der der Krone. Dies ist jedes Jahr im Herbst neu zu beachten.
Auch die Hochstämmchen, die im Topf im Freien waren, jetzt in einen größeren Topf mit Abzugsloch umpflanzen.

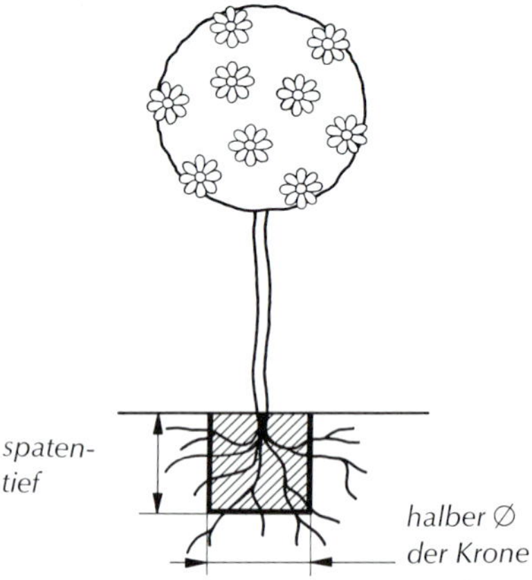

1. Jahr — Zeitplan-Übersicht

Zeit	Arbeitsvorgang	Bedingungen	Gießen	Düngen
Mai/Juni	Strauchmargerite kaufen	Schatten	wie Balkonpflanzen	wie Balkonpflanzen
	im Freien einpflanzen	Erde gleichmäßig feucht		
Mitte September	Stecklinge abnehmen Mutterpflanze zunächst in Reserve halten Töpfe im Haus am vorgesehenen Platz aufstellen	10-15 Stecklinge 5-6 cm lang keine Knospen		
	Stecken	Ca. 2 cm tief in gut angefeuchtete Erde		
	Topf mit Stecklingen in Plastikfolie einhüllen	im Haus: hell und warm keine direkte Sonne „warmer Fuß“		
Oktober	Folie abnehmen			
	Umgewöhnen	Langsam an volle Sonne gewöhnen	1 Woche 2 × täglich besprühen 1 Woche 1 × täglich besprühen dann nicht mehr besprühen	

Zeit	Arbeitsvorgang	Bedingungen	Gießen	Düngen
		Keine stehende Nässe	**gleichzeitig:** Gießen langsam steigern bis gleichmäßige Feuchtigkeit erreicht ist	
November	Umtopfen	Töpfe 11 cm ∅ viel Licht und Sonne	gleichmäßige Feuchtigkeit vorgießen, dann düngen	wöchentlich 2 × beim Gießen, Grünpflanzendünger ½ Menge der Verpackungsangabe
	Auf Knospen prüfen	Keine Knospen		
Dezember	Stab als Stütze Festbinden	Stab überragt Pflanze um 20 cm Mit Bast in Form einer „8" festbinden	wie bisher	wie bisher

2. Jahr	Arbeitsvorgang	Bedingungen	Gießen	Düngen
Januar	Triebe am Stamm entfernen, Blätter nicht		wie bisher	wie bisher
Februar	Längerer Stab, festbinden wie bisher: Triebe am Stamm entfernen	wie zuvor	wie bisher	wie bisher
Ende Februar	Umtopfen wie bisher: Triebe am Stamm entfernen	Pflanzenhöhe 40-50 cm Töpfe 18-20 cm ∅	wie bisher	wie bisher
März	Weiterhin Triebe am Stamm entfernen, ausgenommen die obersten 6-8 cm (= Kronenbereich) Triebspitze abschneiden	einschließlich oberstem Blattpaar Schnittstelle 1 cm unterhalb der Blattachseln	wie bisher	wie bisher
April	Stutzen, im Kronenbereich	Seitentriebe 7 cm lang (1. Generation) auf 5 cm kürzen Weitere Triebe (2.-5. Generation) bei 10 cm auf 5-7 cm kürzen Ab 6. Generation auf Kronenform achten	wie bisher	wie bisher
Mai	wie bisher: Stutzen		wie bisher	wie bisher
Juni	Pflanzen ins Freie wie bisher: Stutzen	Vorteilhaft: In Rasen, Beet oder Kübel einpflanzen	wie bisher	wie bisher

Zeit	Arbeitsvorgang	Bedingungen	Gießen	Düngen
Juli	Stärker düngen	Pflanzen im Rasen, Beet oder Kübel: Dünger 5 cm Abstand Pflanzen im Topf:	wie bisher Nach dem Düngen angießen wie bisher	**einmalig:** Festen Grünpflanzendünger als Granulat **wöchentlich:** 3- bis 4mal beim Gießen flüssigen Grünpflanzendünger
	wie bisher: Stutzen Restliche Blätter am Stamm entfernen			
August	Wegen Sommerwärme auf ausreichendes Gießen achten	Austrocknen der Pflanzen vermeiden	stärker als bisher	Pflanzen im Rasen, Beet oder Kübel: **wöchentlich:** 2- bis 3mal beim Gießen flüssigen Grünpflanzendünger Pflanzen im Topf: wie bisher
September	wie bisher	wie bisher	langsam verringern	wie bisher
Ende September	Zurückschneiden	Triebe auf 3-4 cm kürzen		
	Pflanzen im Rasen, Beet oder Kübel: Wurzelballen abstechen, auspflanzen, eintopfen, ins Haus bringen	vor dem ersten Frost Wurzelballen und Topf: neuer Durchmesser 20 cm	kräftig angießen	**nicht** mehr düngen
	Pflanzen im Topf: Ins Haus bringen	vor dem ersten Frost	kräftig angießen	**nicht** mehr düngen

Zeit	Arbeitsvorgang	Bedingungen	Gießen	Düngen
		Wohnzimmer (18-22° C) oder Keller (frostfrei) gleichmäßige Temperatur so hell wie möglich	im Wohnzimmer: 14 Tage lang täglich 1 × übersprühen Erde ständig halbfeucht im Keller: Erde ständig halbfeucht	
Oktober bis Januar	Laufend stutzen (im Wohnzimmer bis Ende Februar, im Keller bis Ende April)	Triebe bei einer Länge von 4-5 cm auf 2 cm kürzen	wie bisher	

3. Jahr	Arbeitsvorgang	Bedingungen	Gießen	Düngen
Februar	Düngen	mit Grünpflanzendünger viel Licht, volle Sonne	wie bisher vorgießen, dann düngen	½ Menge der Verpackungsangabe
März	**Im Wohnzimmer:** **Nicht** mehr stutzen	Topf täglich um ⅕ des Umfangs drehen	vorgießen dann düngen Wassergaben mit Wachstum langsam steigern, aber Staunässe vermeiden	Beim Gießen mit **Blütendünger** düngen Mischung nach Verpackungsangabe
	Im Keller: Weiterhin bis Ende April stutzen		vorgießen dann düngen Wassergaben mit Wachstum langsam steigern, aber Staunässe vermeiden	Beim Gießen mit **Blütendünger** düngen Mischung nach Verpackungsangabe
Mitte bis Ende Mai (nach den Eisheiligen)	Pflanzen ins Freie Verblühte Blüten abschneiden	wie letztes Jahr	wie bisher	wie bisher
Herbst	Zurückschneiden und Einwintern wie im vorigen Herbst	Wurzelballen größer abstechen. Maßgebend ist die Größe der Krone: Topfdurchmesser halb so groß wie der Kronendurchmesser	wie letztes Jahr	wie letztes Jahr

Schönmalve

Abutílon-Hybriden

Blätter hand- oder herzförmig, samtig-weich, grün oder gelb marmoriert. Blüte hauptsächlich in den Farben Rot, Rosa, Weiß, einfach und gefüllt, in Form von kleinen bunten Glokken. Schnell wachsend. Sehr frostempfindlich.

Vermehrung durch Aussaat im Januar, ca. 0,5 cm tief, bei etwa 21/22° C, ein Samenkorn pro Topf, Topfgröße etwa 7 cm ∅, Erde gut feucht halten. Keimdauer etwa drei Wochen. Umtopfen Ende Februar. Der Wurzelballen darf auf keinen Fall austrocknen.

Weitere Arbeitsvorgänge wie Margerite, Zeitablauf jedoch stark gerafft. Bitte beachten, daß die Hinweise auf Mutterpflanze hier nicht zutreffen.

Überwinterung bei 6-10° C in einem hellen, luftigen Raum.

Zimmerhopfen

Belopérone guttáta

Glattrandige, behaarte Blätter. Hopfenähnliche bräunlich-rote Deckblätter.

Arbeitsvorgänge und Zeitplan wie Margerite.

Die Pflanze ist sehr blühfreudig. Deshalb müssen wir bis zum Beginn der Kronenerziehung häufiger die angelegten Knospen entfernen, als dies bei der Margerite der Fall ist.

Durch intensivere Sonnenbestrahlung ergibt sich eine kräftigere Färbung der Blütenstände.

Überwinterung bei 12-16° C in einem hellen Raum.

Katzen-schwanz

Acalýpha hispida

Eiförmige gezackte Blätter. Rote, katzenschwanzähnliche Blütenstände. Schnell wachsend. Sehr frostempfindlich.

Blühende Topfpflanze im Februar/März im Fachhandel kaufen und Blütenstände an den Blattachseln abschneiden.

Regelmäßig gießen. Reichlich düngen.

Weitere Arbeitsvorgänge wie Margerite, Zeitablauf jedoch stark gerafft. Die Hinweise auf Mutterpflanze treffen hier nicht zu.

Überwinterung bei mindestens 15° C in einem hellen Raum.

Oleander

Nérium oleánder

Dunkelgrüne, lanzettenförmige, glattrandige Blätter. Rosa, rot, weiß oder gelb, einfach oder gefüllt blühend.

Vermehrung im Mai/Juni durch Stecklinge, die nicht zu weich sein dürfen. Zur Wurzelbildung genügt es, den Steckling in ein dunkles Glas voll Wasser zu stellen.

Arbeitsvorgänge wie Margerite. Zeitplan etwas verzögert. Reichlich gießen. Wurzelballen darf auf keinen Fall austrocknen, auch nicht im Winter. Nach abgeschlossener Kronenbildung alljährlich Mitte/Ende August zurückschneiden und dadurch verjüngen. **Pflanzensaft nicht berühren (giftig!).**
Knospen, die im Herbst ansetzen, keinesfalls entfernen. Sie blühen dann im nächsten Frühjahr als erste.

Überwinterung bei 6-10° C im hellen Raum.

Stechapfel oder Engelstrompete

Datúra suavéolens

Große Blätter. Blüte rot, rosa und weiß, trompetenförmig. 15-20 cm lang. Schnell wachsend. In den Abendstunden stark duftend.

Arbeitsvorgänge und Zeitplan wie Margerite. Zu beachten ist: Beim Stecken rollen wir die Blätter des Stecklings sorgfältig zusammen und legen einen Gummiring um sie. Dadurch verringern wir die Verdunstungsfläche der Blätter (siehe Abb. S. 27 unten). Da die Pflanze viel Flüssigkeit braucht, sie diese aber anfangs nicht über Wurzeln beziehen kann, entzieht sie die Flüssigkeit den Blättern. Diese werden gelb und fallen ab. Die abgestorbenen Blätter wegen Fäulnisgefahr aus der Folienhaube entfernen. Haube dabei möglichst rasch wieder überstülpen. Die Pflanze kann, abhängig vom Stutzen, mannshoch werden.

Stärker gießen und düngen als die Margerite.

Überwinterung bei 8-10° C in einem hellen Raum.

Zimmer-zypresse

Cupréssus arizónica

Hellgrüne, kurze Nadeln. Wuchs wie bei unserer heimischen Freilandzypresse.

Vermehrung durch Stecklinge bei etwa 20° C. Rascher Wuchs. Zeitablauf wie Margerite.

Die Zimmerzypresse eignet sich sehr gut zur Hochstämmchenkultur.

Im Unterschied zur Freilandzypresse ist die Pflanze **sehr frostempfindlich.**

Überwinterung bei 10-20° C in einem hellen Raum.

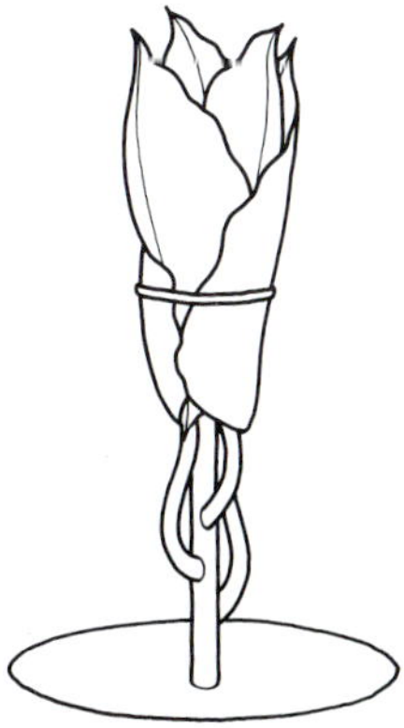

◀ *Abb. zur Engelstrompete*

Bougain- villea

Bougainvíllea glábra

Grüne, herzförmige Blätter. Unscheinbare grünlich-weiße Blüten. Die eigentliche Zierde der Pflanze sind die Hochblätter in den Farben Violett, Rot, Orange, Weiß. Sehr frostempfindlich.

Vermehrung durch Stecklinge bei erhöhter Bodenwärme (25-35° C).

Erde sollte größere **Beimischung von Sand und Torf** haben. Der Wurzelballen darf auf keinen Fall austrocknen.

Sonniger, luftiger, aber zugfreier **Standort**. Ab Juli nicht mehr düngen.

Überwinterung bei 6-8° C in einem hellen, luftigen Raum. Nur mäßig gießen. Einige Sorten werfen im Winter die Blätter ab.

Kapasterblume

Felícia amelloídes

Kleine, runde, hellgrüne, behaarte Blätter. Hellblaue, margeritenähnliche Blüten.

Arbeitsvorgänge und Zeitplan wie Margerite.

Tibouchine

Tibouchína urvilleána

Tiefgrüne Blätter, länglich oval, samtig, behaart. Leuchtend tiefviolette Blüten, bis 12 cm breit. Sehr frostempfindlich.

Vermehrung durch Stecklinge bei erhöhter Bodenwärme.

Standort: Liebt sommers zur Mittagszeit leichte Beschattung, sonst volle Sonne.

Mit enthärtetem Wasser gießen.

Arbeitsvorgänge und Zeitplan ähnlich der Margerite.

Überwinterung bei 8-10° C in einem hellen Raum.

Buchsbaum

Búxus sempérvirens

Kleine, dunkelgrüne, ledrige Blätter. Unscheinbare Blüten. Winterhart. Langsam wachsend (3-4mal langsamer als Margerite).

Liebt lockeren, ausreichend feuchten Boden im Halbschatten. Die Pflanze bleibt **nach der Anzucht ständig im Freien.** Die Krone läßt sich leicht zu einer gleichmäßigen Kugel kultivieren.

Überwinterung im Freien.

Myrte

Mýrtus commúnis

Kleine, dunkelgrüne, ovale Blätter. Weiße Blüten. Immergrüne Pflanze. Seit dem 17. Jahrhundert als Brautschmuck verwendet.

Vermehrung durch Stecklinge in einem Topf mit reinem grobkörnigem Sand.

Liebt einen hellen, luftigen **Standort.** Möglichst nicht in die volle Sonne stellen. Mit enthärtetem Wasser gießen. Wurzelballen darf auf keinen Fall austrocknen. Beim Umtopfen darauf achten, daß vom Stamm nichts unter die Erde kommt.

Nur leicht zurückschneiden. Kronenkultur nur alle 2 oder 3 Jahre.

Arbeitsvorgänge und Zeitplan wie Margerite.

Überwinterung bei 2-10° C in einem hellen, luftigen Raum.

Kerzenstrauch

Cássia didymobótrya

Grüne gefiederte Blätter. Schalenförmige Blüten, goldgelb/schwarzbraun, in aufrecht stehenden Trauben.

Vermehrung durch Stecklinge bei erhöhter Bodenwärme.

Arbeitsvorgänge und Zeitplan ähnlich der Margerite.

Überwinterung bei 5-10° C in einem sehr hellen Raum.

Lorbeerbaum

Laúrus nóbilis

Dunkelgrüne, ledrige Blätter. Unscheinbare gelbliche Blüte. Sehr langsam wachsend.

Arbeitsvorgänge wie Margerite, aber zeitlicher Ablauf etwa um die Hälfte langsamer.

Hammerstrauch

Céstrum élegans

Dunkelgrüne, längliche Blätter. Rote, röhrenförmige Blüten. Immergrüne Pflanze.

Vermehrung durch Stecklinge bei erhöhter Bodenwärme.

Arbeitsvorgänge und Zeitplan ähnlich der Margerite.

Überwinterung bei 5-10° C in einem hellen Raum.

Fuchsie

Fúchsia-Hybriden

Eiförmige Blätter. Glocken-, trauben- und kaskadenförmig blühend. Stehende und hängende Sorten. Sehr große Farbskala, häufig Kelch- und Kronblätter in zweierlei Farben. Schnell wachsend.

Die Fuchsie ist wieder „Modeblume" geworden. Sie läßt sich verhältnismäßig leicht zu einem Hochstämmchen heranziehen.

Standort im Freien möglichst windgeschützt im Halbschatten. Reichlich gießen. Fortlaufend die Ansätze zu den beerenartigen Früchten entfernen.

Ab Mitte August seltener gießen und düngen, damit das Holz gut ausreifen kann. Ab Anfang September nicht mehr düngen, aber weiterhin sparsam gießen. Beim Einwintern alle Blüten und Blätter abschneiden.
Sonst wie Margerite.

Überwinterung bei 6-8° C in einem trockenen, hellen Raum. Dabei so gießen, daß der Wurzelballen nur eben feucht gehalten wird.

Wandelröschen

Lantána camára

Eirund-längliche, gezackte, behaarte Blätter. Weiße, gelbe, orangefarbene, rosa, rote, blaue und lilafarbene, doldenförmige Blüten, die ihre Farbe in der Blütezeit wechseln.

Arbeitsvorgänge und Zeitplan wie Margerite. Die Pflanze bildet nach der Blüte Fruchtstände, die ihr sehr viel Nahrung entziehen. Deshalb Fruchtstände entfernen.

Überwinterung bei 6-10° C in einem hellen Raum.

Vanille-blume

Heliotrópium peruviánum

Spitzeiförmige, stark behaarte Blätter. Handgroße blaue bis tiefblaue Blütendolden, stark nach Vanille duftend.

Liebt einen sonnigen **Standort.**

Arbeitsvorgänge und Zeitplan wie Margerite.

Überwinterung bei etwa 10° C in einem hellen Raum.

Hibiscus oder Roseneibisch

Hibíscus rósa-sinénsis

Eiförmige, gezackte Blätter. Trichterförmige Blüte (10-15 cm breit), große Farbskala.

Vermehrung durch Stecklinge im Frühjahr. Zeitplan entsprechend versetzt.

Reichlich düngen
Die Pflanze hat ein großes Nährstoffbedürfnis wegen verhältnismäßig schnellem Wachstum und vielen Blüten.

Sonst wie Margerite behandeln.

Überwinterung bei 12-15° C in einem hellen Raum.

Feigenbaum
Fícus cárica

Derbe, leicht behaarte, lappige Blätter. Keine Blüte, treibt Früchte direkt aus dem Stamm. Langsam und eigenwillig wachsend, bizarre Wuchsform.

Sehr schwierig in der Anzucht, da schlechte Bewurzelung. Stecklinge können wegen schneller Verholzung nur von jungen Trieben gewonnen werden. Abgeschnittene Stecklinge etwa zehn Minuten in handwarmes Wasser legen, damit der Milchsaft gerinnt und die Pflanze nicht ausblutet.

Vermehrung auch durch „Absenker". Dazu biegen wir bei der Mutterpflanze einen geeigneten Zweig bis auf den Boden ab, vorsichtig, damit er nicht bricht, und bedecken ihn an einer Stelle mit Erde. Nur die Spitze soll freibleiben. Wir drücken den eingegrabenen Zweig mit entsprechend zugeschnittenen Astgabeln am Boden fest. Die den Zweig umgebende Erde ständig feucht halten. Dadurch bilden sich am Zweig Wurzeln. Sobald diese genügend groß sind, trennen wir den Zweig kurz vor den Wurzeln von der Mutterpflanze.

Starke Verdunstung durch große Blätter. Daher reichlich gießen.

Sehr selten stutzen. Der Feigenbaum „stutzt" sich meist über die Wintermonate selbst, d. h. die Seitenknospen treiben im Frühjahr ohne unser Zutun aus. Er wirft im Winter sein Laub vollständig ab und bildet im Frühjahr an den Trieben neue Blätter.

Der Hobbygärtner hat in der Regel wenig Möglichkeiten, auf das eigenwillige Wachstumsverhalten der Pflanze Einfluß zu nehmen. Selbst wenn wir alle erforderlichen Arbeiten ausführen, die andere Pflanzen zu einem Hochstämmchen werden lassen, wächst der Feigenbaum von sich aus entweder zu einem Busch, einer Säule oder einem Hochstämmchen. Gelingt uns also ein Hochstämmchen nicht beim ersten Mal, so müssen wir es geduldig immer wieder versuchen.

Überwinterung in einem kühlen, aber frostfreien, luftigen Raum.

Gardenie

Gardénia-Hybriden

Grüne, spitzeiförmige Blätter. Große gefüllte, weiße Blüten. Die Gardenie war in der sogenannten „guten alten Zeit" Modepflanze. Anzucht und Pflege sehr schwierig.

Vermehrung durch Stecklinge im Frühjahr oder August bei erhöhter Bodenwärme (ca. 25° C).

Liebt einen hellen, möglichst überdachten Platz, jedoch nicht in der vollen Sonne. Mit lauwarmem, möglichst enthärtetem Wasser gießen. Für ausreichende Feuchtigkeit sorgen, aber kein „Fußbad". Sonst wie Margerite.

Überwinterung bei 10-18° C in einem hellen Raum. Wenig gießen.

Geranie oder Pelargonie

Pelargónium-Zonale-Hybriden

Grüne oder gezeichnete, herzförmige Blätter. Einfache oder gefüllte Blütendolden, sehr große Farbskala.

Arbeitsvorgänge und Zeitplan wie Margerite.

Überwinterung bei 5-8° C in einem hellen Raum. Wenig gießen, aber nicht vertrocknen lassen. Welke Blätter entfernen.

Rosen

Die uns allgemein bekannten Rosen sind Hybriden, d.h. Züchtungen und Kreuzungen verschiedener Sorten und Arten. Im Garten und im Haus sind die Gruppen der Garten- oder Edelrosen sowie Floribunda-Grandiflora am stärksten verbreitet. Wir wollen uns daher mit diesen besonders befassen.

Garten- oder Edelrosen

Sie sind uns hauptsächlich als Schnittrosen und Beet- oder Kübelpflanzen bekannt. Sortenvielfalt, breite Farbpalette, Duft, kräftiger Wuchs und Blütenreichtum begeistern den Hobbygärtner und den Laien. Viele Pflanzenfreunde möchten daher gern Rosen selbst heranziehen und kultivieren. Dies ist aber nicht ganz einfach, weil sie meistens veredelt werden müssen.

Veredeln bedeutet ungeschlechtlich vermehren. Es ist anzuwenden, falls die Jungpflanzen bei geschlechtlicher Vermehrung, also durch Samen, nicht mehr die Eigenschaften (Wuchs, Farbe, Duft usw.) der Mutterpflanze aufweist, wie dies wegen der zahlreichen Kreuzungen bei der Rose zutrifft.

Das Veredeln kann auf zweierlei Weise erfolgen.

1. Reiserveredelung mit Kopulation oder Pfropfung.
Bei Kopulation sind Unterlage (Wildling) und Edelreis (also unsere erwünschte Rosensorte) gleich dick. Bei Pfropfungen ist die Unterlage dicker als das Edelreis. Pfropfung wird hauptsächlich bei Obstbäumen angewandt, bei Rosen weniger.

2. Okulation (oder Augenveredelung, von lateinisch oculus = Auge).

Anwendung bei Rosen, Obstbäumen und Flieder.

Zum Okulieren von Rosen benötigen wir:
a) eine wilde Rose (auch Wildling oder Sämling genannt), die etwa 3 Monate vor der Veredelung eingepflanzt wurde,
b) ein Rosenauge der erwünschten Rosensorte,
c) ein scharfes Messer,
d) längeres Gummiband, 2-3 mm breit.
Wir okulieren im Juli oder August. Hierzu besorgen wir uns ein **„schlafendes Auge"**, d.h. eine noch in Ruhe verharrende Triebknospe am Stamm der Rose. Das Auge wird mit dem Messer vorsichtig von der Mutterpflanze entfernt.
Wir arbeiten dabei mit sauberen Gummihandschuhen, weil das Berühren mit der bloßen Hand zu Infektionen am Rosenauge führen kann. Wir wählen uns am Wildling den stärksten Trieb aus und bringen etwa 5-10 cm über der Erde einen etwa 2 cm langen Schlitz an. Am oberen Ende des Schlitzes machen wir quer zum ersten einen zweiten Schnitt und erhalten damit den sogenannten T-Schnitt. Die Tiefe der beiden Schnitte hängt von der Rindenstärke des Wildlings ab. Auf keinen Fall darf der Holzteil (direkt unterhalb der Rinde) verletzt oder angeschnitten werden.

Wir klaffen die Rinde am Längsschnitt vorsichtig nach beiden Seiten nur so weit auf, daß wir das Auge einsetzen können. Jede Zelle, die wir dabei verletzen, wird zur Brutstätte von Bakterien und Pilzen, die das Anwachsen des Auges gefährden oder verhindern. Behutsam und feinfühlig schieben wir das Rosenauge von oben bis zum unteren Ende in den Längsschnitt. Wir legen das Gummiband mehrfach so straff um die offene Wunde, daß diese vollkommen und luftdicht abgedeckt wird, achten aber darauf, daß wir die Rinde nicht einschnüren. Nur das eingesetzte Auge bleibt frei, damit es austreiben kann.
Das **„schlafende Auge"** treibt nach etwa 3 bis 4 Wochen aus. Nach weiteren 3 Wochen können Laub und nicht okulierte Triebe des Wildlings abgeschnitten werden. Damit steht die ganze Kraft der Pflanze dem neuen Auge zur Verfügung. Baumschulen setzen gewöhnlich ein Auge pro Wildling ein. Bei älteren, kräftigeren Wildlingen lassen sich aber ohne Bedenken drei und mehr Augen einsetzen. So erhält man schneller eine buschige Pflanze.
Verwenden wir die Sorte eines Rosenzüchters für das Okulieren, so müssen wir zuvor gegen eine geringe Lizenzgebühr die Genehmigung des Züchters einholen. **Rosenzüchter haben nämlich Schutzrechte** auf die von ihnen gezüchteten Sorten.

Edelrosen zu Hochstämmchen kultivieren erfordert viel Mühe und Aufwand. Wir können es uns erleichtern, wenn wir für die Okulation bereits hochgewachsene Wildlinge kaufen und dann in der von uns gewünschten Höhe veredeln. Besonders reizvoll ist auch das Okulieren verschiedener Rosensorten auf einem Stamm, beispielsweise eine Edelrose auf halber Höhe, am Ende des Stämmchens eine Trauer- oder Hängerose.

Floribunda-Grandiflora

Vermehrung wie bei Edelrosen. Man könnte diese Rosen auch „wurzelecht", d.h. durch Stecklinge, ohne Veredelung, vermehren. Sie wären aber nicht robust genug oder würden zu langsam wachsen. Deshalb ist es üblich, Rosen dieser Gruppe auf einheimische Wildlinge zu veredeln, wie Rosa multiflora oder Rosa canina. Die veredelten Rosen eignen sich sehr gut als Topfpflanzen für Zimmer und Balkon. Bekannt sind sie unter den Namen Kußröschen, Miniatur- oder Zwergrosen.

Neuerdings werden diese Rosen aber mehr und mehr durch moderne, **wurzelechte** Neuzüchtungen verdrängt. Besonders die Produkte einer Züchtung aus Holland (De Ruiter) und einer Züchtung aus Südfrankreich (Meilland) eignen sich für's Zimmer und für's Freie. Die Farben reichen von weiß über gelb bis hin zu dunkelrot. Die Züchtung aus Frankreich hat eine größere Blüte (bis zu 4 cm) und höheren Wuchs und ist etwas besser für sonnige Plätze geeignet als die Züchtung aus Holland.

Auch bei dieser Rosengruppe ist eine Genehmigung für die Vermehrung einzuholen.

Diese neuen, wurzelechten Züchtungen lassen sich verhältnismäßig einfach zu Rosenhochstämmchen kultivieren. Da eine Veredelung nicht erforderlich ist, erfolgt die Anzucht nach unserem Schema für Margeriten.

Bleiwurz

Plumbágo auriculáta capénsis

Keilförmige, dunkelgrüne Blätter. Lange, überhängende Triebe. Hellblaue und weiße Blüten.
Liebt warmen, sonnigen**Standort.** Verträgt auch mäßige Beschattung und eine kürzere Trockenperiode.

Arbeitsvorgänge und Zeitplan wie Margerite.

Überwinterung bei 5-10° C in einem hellen Raum.

Drehkrone

Streptosólen jamesónii

Grüne, spitzeiförmige Blätter. Gelbe bis orangefarbene Blüten.

Vermehrung durch Stecklinge bei erhöhter Bodenwärme.

Arbeitsvorgänge und Zeitplan ähnlich der Margerite.

Überwinterung bei 5-10° C in einem hellen Raum.

Schädlinge und Krankheiten

Insekten

Blattläuse: Weiß, grün, schwarz, mit oder ohne Flügel. Treten in Kolonien auf und besaugen die krautigen Pflanzenteile.
Das Auftreten von Blattläusen führt zu gerollten Blättern, „Honigtau". Dies ist eine Ausscheidung der Blattläuse, eine glänzende, klebrige Flüssigkeit. Auf ihr bildet sich gern ein schwarzer Pilzrasen (Rußtaupilz). Blattläuse können außerdem die Pflanze im Wachstum hemmen und deformieren.

Gegenmaßnahmen: Handelsübliche Spritzmittel oder Präparate.

Weiße Fliege (Mottenschildlaus): Die etwa 2 mm großen Insekten halten sich auf der Blattunterseite auf und fliegen beim Berühren der Pflanze kurz auf. Sie sind pudrig weiß und geflügelt. Ihre Larven, ebenfalls weiß, sind schwer zu bekämpfen.

Gegenmaßnahmen: Handelsübliche Spritzmittel. Regelmäßig wiederholen, da sich der Schädling sehr schnell vermehrt.

Schildläuse: Sie werden kaum größer als 3 mm und entwickeln sich unter einem Schild, der aus abgestreiften Häuten und Wachsabsonderungen besteht. Der Schild ist grau bis bräunlich und rund bis oval. Er hat die Größe eines Stecknadelkopfes.

Gegenmaßnahmen: Vor der Bekämpfung mit handelsüblichem Spritzmittel Schild mit Hölzchen abstreifen oder mit Schwamm/Bürste abwaschen.

Rote Spinne: Diese Spinnmilbe lebt an der Blattunterseite und ist mit bloßem Auge kaum zu erkennen. Die Brut hält sich unter feinsten Spinnfäden verborgen.
Blätter werden gelb und fallen ab.

Gegenmaßnahmen: Pflanzen an dunklen Platz stellen. Blattunterseiten mit kaltem Wasser abspritzen und Blattlausmittel oder Spezialmittel gegen Spinnmilben anwenden.

Woll- und Schmierläuse: Diese Läuse sitzen in Blattachseln, an Stengeln und Blattunterseiten. Sie scheiden, wie Blattläuse, „Honigtau" aus, vor allem an hartlaubigen Gewächsen. Es sind wollig weiße, bewegliche Insekten.

Gegenmaßnahmen: Handelsübliche Spritzmittel oder Präparate.

Blasenfuß: Mikroskopisch kleine Tiere. Sie saugen an Pflanzenteilen, die dann gelb werden oder eintrocknen (braune Stellen). Der Befall zeigt sich durch weißliche Flecken mit Schimmel an Blüten und Blättern.

Gegenmaßnahmen: Handelsübliche Spritzmittel oder Präparate.

Dickmaulrüssler: Etwa 1 cm langer, schwärzlicher Rüsselkäfer. Nachttier. Er benagt die Blätter vom Rand her.
Legt im Laufe eines Sommers etwa 1500 Eier im Wurzelbereich der Pflanze ab. Die Larven (weiß mit braunem Kopf) rollen sich C-förmig zusammen. Sie können eine Pflanze in kurzer Zeit zugrunde richten.

Gegenmaßnahmen: Käfer absammeln und vernichten. Larven mit handelsüblichem Präparat im Gießwasser bekämpfen.

Minierfliege: Kleines Insekt, unscheinbar dunkel gefärbt. Die Larven fressen Gänge („Minen") im Innern der Blätter, hauptsächlich bei Korbblütlern, z. B. Margeriten.

Gegenmaßnahmen: Blattlausmittel anwenden.

Pilze

Echter Mehltau: Welkende, schrumpfende und abfallende Blätter. Mehliger, grau-weißer Belag.

Gegenmaßnahmen: Befallene Teile entfernen und verbrennen. Mit organischen Fungiziden einstäuben.

Falscher Mehltau: Welkende und abfallende Blätter. Faulende Stengelteile. Mehliger, grauweißer Belag, bei den Blättern an der Unterseite.

Gegenmaßnahmen: Pflanze hell und luftig aufstellen. Mit organischen Fungiziden spritzen.

Grauschimmel (Botrytis): Faulende Pflanzenteile. Grauer, dichter, stäubender Schimmel.

Gegenmaßnahmen: Befallene Teile entfernen und verbrennen. Pflanze hell, luftig und trokken aufstellen. Mit Düngen aussetzen. Handelsübliche Stäubemittel verwenden.

Blattfleckenkrankheit: Braune, runde Flekken, auch braune Blattränder.

Gegenmaßnahmen: Befallene Teile entfernen und verbrennen. Mit Pilzgift spritzen.

Rostpilze: Blätter mit rostroten oder braunen Pusteln übersät. Blätter werden gelb und fallen ab.

Gegenmaßnahmen: Befallene Teile entfernen und verbrennen. Mit organischen Fungiziden spritzen.

Brennfleckenkrankheit: Gelb-braune, größer werdende Flecken an Blättern. In den Flecken kleine Pusteln, die rosafarbene Sporen ausstoßen.

Gegenmaßnahmen: Befallene Teile entfernen und verbrennen. Mit organischen Fungiziden spritzen.